NOOREMAD ÕPPIJAD
KÕIKE
KOERAD
CHARLOTTE THORNE

www.thomasinemedia.com
ISBN: 979-8-8690-0081-1

KÕIKE KOERAD

CHARLOTTE THORNE

Koeri nimetatakse sageli inimese parimaks sõbraks. Need on hämmastavad loomad, kes on inimestega koos elanud väga pikka aega.

Koerte kodustamine ulatub halli hundini. Kodustamine tähendab, et inimesed taltsutasid looma meiega koos elama.

Selektiivse aretuse tõttu on inimesed loonud koertele kõikvõimalikke erinevaid töökohti!

Vana-Egiptuses oli jumal Anubis šaakali pea, mida loom seostas koertega.

Euroopa kuulus koopamaal kujutab iidseid inimesi iidsete koertega jahtimas.

Sõja ajal teenisid koerad sõjaloomadena ja aitasid sõdureid ohtlikel töödel.

Koerad kuuluvad Canidae perekonda. Canidae perekonda kuuluvad ka hundid, rebased ja muud metsikud koerad.

Koerad tunnevad paljusid asju, sest neil on 300 miljonit retseptorit.

Nende kuulmine on uskumatu. Nad kuulevad kõrgsageduslikke helisid, mida meie ei saa.

Maailmas on palju kuulsaid koeri.

Rough Collie Lassie on ikoon raamatutes, filmides ja televisioonis. Ta on tuntud oma päästemissioonide poolest.

Balto the Husky juhtis kelgukoerte meeskonda üle Alaska 1925. aastal. Nad tarnisid haigetele inimestele olulist ravimit.

Saksa lambakoer Rin Tin Tin oli üks kuulsamaid koernäitlejaid ja teda peetakse maailma esimeseks koerafilmistaariks.

Vaatame erinevaid koeratõugusid.

Labradori retriiverid on sõbralikud koerad. Neil on armastus vee vastu.

Saksa lambakoerad on targad ja tugevad. Nad on töökoerad ja neil on kaitseomadused.

Kuldsed retriiverid on mängulised, populaarsed tõud. Nad on ilusad ja täis isikupära.

Bulldogid on kortsus ja jässaka kehaga. Nad on südamlikud kutsikad.

Beagles on uudishimulikud koerad ja neid kasutatakse jahil. Neil on floppy kõrvad.

Puudlid on üks intelligentsemaid koeratõuge ja neid tuntakse väljamõeldud koertena.

Rottweilerid on võimsad koerad. Nad on armsad beebid.

Yorkshire'i terjerid on väikesed energiakimbud. Neil on pikad mantlid ja nad armastavad reisida käekottides.

Bokserid on mängulised kutsikad. Neil on kandiline pea ja nad armastavad olla aktiivsed.

Taksid on pikad "hot dog" koerad, mis teeb nad ainulaadseks. Neil on väikese keha kohta suur vaim!

Siberi huskyd tõmbavad kelku ja on väga häälekad, sõbralikud koerad. Neil on ka helesinised silmad.

Dobermani pinšerid on elegantsed ja tugevad koerad. Nad on kaitsvad eestkostjad.

Shih Tzu on väikesed sülekoerad. Nad on väga sõbralikud lemmikloomad.

dogid on väga pikad koerad. Need võivad olla väga magusad.

Borderkollid on agarad ja nutikad. Neil on palju energiat.

Shetlandi lambakoerad on kuuljad koerad. Nad on tuntud oma paksu karvakarva poolest.

Chihuahuad on väikesed, kuid neil on suur süda. Nad on armsad, kui neid austatakse.

Pembroke Welsh Corgis on väikesed, kuid neil on suured kõrvad. Üllataval kombel on nad kuulmiskoerad.

Bernhardiinid on tuntud oma päästetööde poolest. Nad on õrnad hiiglased.

Austraalia lambakoerad on nutikad ja väledad lemmikloomad. Nad töötavad karjakoertena.

Mopsid on väikesed kortsus nunnukesed. Neil on väga mänguline, kuid kangekaelne iseloom.

Alaska malamuudid on kelgukoerad ja võivad külmas kliimas ellu jääda.

Austraalia terjerid on väikesed, karmi karvaga. Nad teevad suurepäraseid lemmikloomi.

Basenjidel on joodlilaadsed kõrkjad. Nad on super nutikad ja iseseisvad koerad.

Bichon Frisés
näevad välja
nagu pilved. Neil
on rõõmsad
isiksused.

Verekoertel on
rippuvad kõrvad
ja suurepärane
haistmismeel.
Neid kasutatakse
ka päästetöödel.

Bostoni terjeritel on smokingu mantlid. Nad on sõbralikud kutsikad.

Cavalier King Charlesi spanjelid on nii parimate isiksuste kui ka ilusate mantlitega.

Kokerspanjelitel on pikad siidised kõrvad ja neil on oma klassi õhkkond.

Inglise mastifid on hiiglaslikud koerad! Nad on rahulikud ja armsad.

Akitad on õilsad lemmikloomad. Nad on tuntud oma paksu karvkatte poolest.

Malta koerad on valmis väikesed valged koerad ja nad armastavad tähelepanu.

Birma alpi karjakoerad on väga suured, kuid väga õrnad.

Pomeranianid on kohevad väikesed koerad. Neil on julged isiksused.

Rodeesia ridgebackidel on seljal karvahari. Neid kasutatakse jahipidamiseks.

Iiri setterid on elegantsed ja elujõulised koerad. Nad on lahkuvad kaunitarid.

Papilloni kõrvad näevad välja nagu liblikad. Nad on sõbralikud nunnukesed.

Vipetid on ülikiired ja väga väledad ning oma inimestega õrnad.

Shar-peis on väga kortsus. Nad on lojaalsed ja kaitsvad koerad.

Dalmaatsia koerad on energilised koerad ja tuletõrjemajade ametlik sümbol.

Koerad aitavad inimesi iga päev.

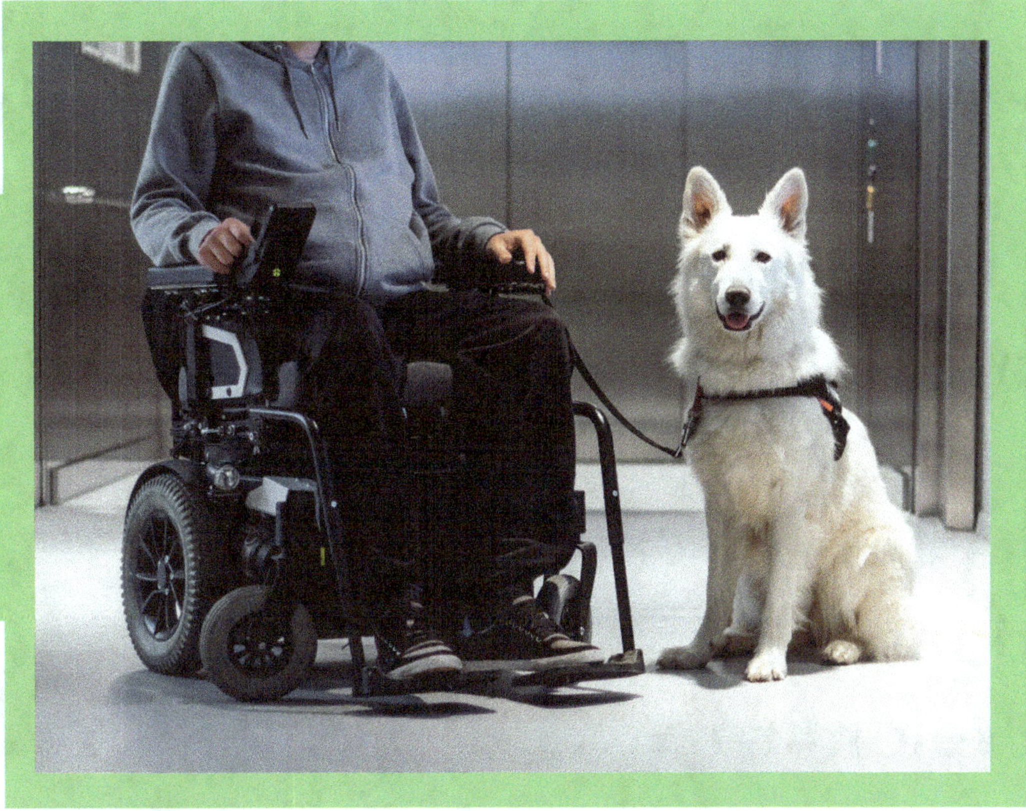

Paljud koerad töötavad teenistusloomadena, abistades puuetega inimesi.

Otsingu- ja
päästekoerad
töötavad
katastroofide ajal
kadunud inimeste
leidmisel.

Koerad töötavad kõrvuti politseiga. Kutsikad, kes ei läbi koolitust, lähevad armastavasse perekonda.

Teraapiakoerad pakuvad
emotsionaalset tuge inimestele
haiglates ja avalikus turvalisuses.

Koerad on meie igapäevaelu oluline osa. Oluline on koerte eest hoolitseda. Nad pole mitte ainult kõvad töötajad, vaid ka meie pere olulised liikmed!